CONOZCAMOS NUESTRA ECONOMÍA

¿QUÉ SON LOS PROVEEDORES Y CONSUMIDORES?

MARCIA AMIDON LUSTED

Britannica Educational Publishing
IN ASSOCIATION WITH
ROSEN
EDUCATIONAL SERVICES

Published in 2017 by Britannica Educational Publishing (a trademark of Encyclopædia Britannica, Inc.) in association with The Rosen Publishing Group, Inc.

29 East 21st Street, New York, NY 10010

First Edition

Britannica Educational Publishing
J.E. Luebering: Executive Director, Core Editorial
Mary Rose McCudden: Editor, Britannica Student Encyclopedia

Rosen Publishing
Nathalie Beullens-Maoui: Editorial Director, Spanish
Ana María García: Translator
Heather Moore Niver: Editor
Nelson Sá: Art Director
Brian Garvey: Designer
Cindy Reiman: Photography Manager
Heather Moore Niver: Photo Researcher

Cataloging-in-Publication Data

Names: Lusted, Marcia Amidon, author.
Title: ¿Qué son los proveedores y consumidores? / Marcia Amidon Lusted, translated by Ana Garcia.
Description: First Edition. | New York : Britannica Educational Publishing, 2017. | Series: Conozcamos nuestra economía | Audience: Grades 1-4. | Includes bibliographical references and index.
Identifiers: ISBN 9781508102625 (library bound : alk. paper) | ISBN 9781508102601 (pbk. : alk. paper) | ISBN 9781508102618 (6-pack : alk. paper)
Subjects: LCSH: Businesspeople--Juvenile literature. | Industrialists—Juvenile literature. | Consumers--Juvenile literature.
Classification: LCC HB615 .L8777 2017 | DDC 338--dc23

Manufactured in the United States of America

Photo Credits: Cover, interior pages background image Don Pablo/Shutterstock.com; p. 4 Anadolu Agency/Getty Images; p. 5 ChinaFotoPress/Getty Images; p. 6 © iStockphoto.com/andresr; p. 7 © iStockphoto.com/inhauscreative; pp. 8-9, 27 Bloomberg/Getty Images; p. 9 Jupiterimages/Creatas/Thinkstock; p. 10 AndreyPopov/iStock/Thinkstock; p. 11 monkeybusinessimages/iStock/Thinkstock; p. 12 Ingram Publishing/Thinkstock; p. 13 Digital Vision/Photodisc/Thinkstock; p. 14 jslsvg/iStock/Thinkstock; pp. 15, 21 Purestock/Thinkstock; p. 16 Dmitry Kalinovsky/Hemera/Thinkstock; p. 17 © iStockphoto.com/sx70; p. 18 Nikodash/iStock/Thinkstock; p. 19 © iStockphoto.com/firemanYU; p. 20 © iStockphoto.com/TomasSereda; p. 22 © iStockphoto.com/Leonardo Patrizi; pp. 22-23 Mario Tama/Getty Images; p. 24 © iStockphoto.com/leezsnow; p. 25 © iStockphoto.com/cruphoto; p. 26 Scott Olson/Getty Images News/Thinkstock; p. 28 moodboard/Thinkstock; p. 29 nd3000/iStock/Thinkstock

Contenido

Yo lo hago, tú lo quieres 4
Comprar y vender 6
Vamos de compras 8
Permíteme ayudarte 10
De la tierra 12
¡A trabajar! 14
¿De qué capital dispone? 16
¿Quién hace qué? 18
Otras industrias 20
Comprar, comprar, comprar 22
Gastar, gastar, gastar 24
Pensando en el consumidor 26
Cuestión de equilibrio 28
Glosario 30
Para más información 31
Índice 32

YO LO HAGO, TÚ LO QUIERES

Apple es una de las marcas más conocidas de computadoras y electrónica. Apple es un **productor**. La empresa fabrica productos, como el iPad y el iPhone. Los **consumidores** compran estos productos. Los consumidores

Un **productor** es una persona o empresa que proporciona bienes y presta servicios. Un **consumidor** es una persona que compra bienes y solicita servicios para su uso particular. La palabra viene de "consumir", que significa usar o gastar algo.

El iPhone de Apple es uno de sus productos más conocidos.

compran los productos de Apple porque las aplicaciones y contenidos de Apple solo funcionan en los dispositivos de Apple. Los usuarios de Apple son fieles a la compañía y sus productos. Consideran que Apple hace los mejores productos y continuarán comprándolos incluso aunque sean caros.

Los clientes de Apple se conocen por ser fieles a la compañía y a sus productos.

Apple y sus clientes son un buen ejemplo de la relación entre productores y consumidores. Apple atrae a los consumidores y los conserva como clientes. Fabrica nuevos productos que los consumidores quieren. Dado que estos productos son nuevos y fascinantes, más clientes se unen a Apple. Productores y consumidores se necesitan los unos a los otros. Los productores ganan dinero y los consumidores consiguen las cosas que quieren o necesitan.

Comprar y vender

Una sociedad o una comunidad crea riqueza comprando y vendiendo. Los fabricantes elaboran bienes o productos. Los vendedores se los venden a los consumidores. El dinero que pagan los consumidores mantiene a los productores en el negocio. Los consumidores quieren más y más productos y servicios. Esto hace que se produzcan más cosas. Gastamos más dinero en bienes y servicios que en cualquier

Los consumidores quieren comprar más cosas, manteniendo a los productores en el mercado.

Considera esto

Alguna personas piensan que lo que los consumidores quieren y necesitan determina la actividad económica de una sociedad. ¿Piensas que es verdad? ¿Por qué?

otra cosa.

Este ciclo económico crea puestos de trabajo en la comunidad. Se tienen que fabricar los productos o vender los que otras personas hacen. La gente con trabajo dispone de dinero para gastar en bienes y servicios. La venta de bienes y servicios también trae dinero a la comunidad a través de los impuestos, que permiten a la comunidad pagar por servicios, como la policía o los bomberos.

El dinero que la comunidad obtiene a través de los impuestos se usa para pagar servicios como la policía.

VAMOS DE COMPRAS

Los consumidores compran bienes. Pero, ¿qué son exactamente los bienes? Los bienes son cosas que se usan o consumen, como comida y ropa. Los bienes son también cosas que se pueden tocar. La gente compra bienes porque piensa que los va a utilizar una o muchas veces.

Casi todo lo que se vende en una tienda es un tipo de bien.

Casi todo lo que está a la venta en un supermercado, como estos paquetes de galletas, son un tipo de bien.

Considera esto

Los bienes son cosas que puedes tocar y los servicios son algo que otra persona hace por ti. ¿Se te ocurren ejemplos de bienes y servicios que puedan estar relacionados?

Hoy, las personas pueden comprar muchos de los bienes que quieren en línea, usando Internet.

Bienes pueden ser un paquete de galletas de un supermercado, un suéter nuevo de un gran almacén o una computadora. Los bienes también se venden por correo y a través de Internet (en línea). Muchos consumidores hacen sus compras en línea.

PERMÍTEME AYUDARTE

Un servicio es algo que alguien hace por otra persona. Puede ser que le corte el pelo o que limpie su casa. Los bomberos y los policías desempeñan un servicio apagando fuegos o haciendo cumplir la ley. Un servicio no proporciona algo material al consumidor. Proporciona algo que se necesita, y que quizás la persona no pueda hacer por sí misma.

Las personas que limpian casas y oficinas prestan un servicio.

No todos los servicios se prestan por dinero. Los voluntarios prestan servicios como leer a los niños, sin esperar un pago.

Algunos proveedores de servicios cobran por su tiempo, pero otros, no. Cuando alguien se ofrece de **voluntario** para leer a los ancianos en un asilo o para ayudar a los niños en clase, está ofreciendo un servicio. Los voluntarios no cobran por realizar estas actividades, pero proporcionan un servicio muy valioso.

Un **voluntario** es alguien que realiza una actividad o servicio sin cobrar.

De la tierra

La gente que fabrica o produce bienes necesita recursos económicos, que son cosas que pueden utilizar para fabricar productos o proporcionar servicios. Hay tres tipos de recursos económicos: la tierra, la mano de obra y el capital.

Los recursos laborales incluyen a los trabajadores de las fábricas.

Como recurso económico, la tierra puede ser una gran granja, una planta de producción o un pequeño taller. La tierra también incluye los recursos naturales. Algunos de ellos son **renovables**, como los árboles, los animales o los cultivos. Otros recursos son **no renovables**, como el petróleo o el carbón. Es importante no agotar los recursos naturales en la producción de bienes.

Recursos **renovables** son aquellos que pueden ser regenerados o reemplazados con facilidad. Recursos **no renovables** son aquellos que no pueden ser reemplazados. Para que el petróleo o el carbón se formen, se necesitan millones de años, por lo que son no renovables.

Una vaca es un ejemplo de recurso natural renovable.

¡A trabajar!

Un herrero toma metal y hace bienes como herraduras y ferretería.

Otro recurso económico es la mano de obra, es decir, la gente que trabaja por dinero. Los trabajadores son necesarios para trasformar los materiales en bienes. Estos materiales pueden ser recursos naturales o materias primas. Los trabajadores pueden fabricar bienes o

COMPARA Y CONTRASTA

¿En qué se parecen y en qué se diferencian los trabajadores y los recursos naturales cuando se utilizan en la producción de los bienes que comprarán los consumidores? ¿Por qué es importante disponer de los dos?

Los trabajadores son un recurso importante porque pueden siempre aprender nuevas destrezas.

prestar servicios.

Los trabajadores son un buen recurso económico porque pueden ser empleados en los sectores económicos en que se les necesite. Además pueden mejorar con práctica y formación, es decir, pueden aprender a hacer cosas nuevas. A diferencia de los recursos naturales, pueden variar dependiendo de en dónde se les necesite. Pero tienen que estar sanos y capacitados para trabajar.

¿De qué capital dispone?

El tercer tipo de recurso económico en conocido como capital. Capital puede ser el dinero que las empresas utilizan para producir bienes o proporcionar servicios. Las compañías o empresas utilizan el dinero para comprar los materiales que necesitan para fabricar los bienes o para levantar su empresa de servicios. Emplean el dinero para comprar edificios

Una panadería debe comprar harina para hacer y vender pan.

para la fabricación y para pagar a sus trabajadores.

El capital también incluye las cosas que una compañía o negocio posee y utiliza para producir bienes y servicios. Pueden ser edificios, fábricas, equipos, vehículos o maquinaria. Las compañías a menudo compran estos **activos** de otras personas o empresas. También pueden conseguir los activos ellos mismos o pagarle a alguien para que se los proporcione. Otros prefieren alquilarlos.

Los bienes de una compañía pueden incluir el edificio en el que se encuentra el negocio.

Un **activo** es algo que es útil o valioso. Puede ser propiedad de una empresa o de una persona. Pueden utilizarlos para pagar deudas o conseguir préstamos.

¿Quién hace qué?

Muchas empresas fabrican o producen bienes para que los consumidores los compren. Estas compañías se agrupan en industrias. Hay diferentes categorías de industrias. Juntas forman una cadena de producción que proporciona bienes y servicios a los compradores.

La industria primaria consigue las materias primas necesarias para fabricar los bienes. Explota la tierra para extraer metales y carbón, perfora el subsuelo para obtener

Las compañías petroleras usan bombas para extraer petróleo de los pozos profundos.

Un fabricante de muebles necesita materia prima como madera para hacer sus productos.

petróleo, o cultiva el campo. La industria secundaria transforma estas materias primas en cosas diferentes. El petróleo se convierte en plástico. El acero y la madera se transforman en puentes, edificios y muebles.

Compara y contrasta

Piensa en diferentes ejemplos de industrias primarias e industrias secundarias. ¿Por qué se necesitan mutuamente? ¿Cómo son de independientes una de la otra?

OTRAS INDUSTRIAS

Crear bienes y servicios para los consumidores requiere muchos tipos de industria. La industria **terciaria** se refiere a las compañías que hacen posible la fabricación y venta de los bienes y de los servicios. El transporte y el almacenamiento permiten que los bienes se desplacen a los lugares de venta. La publicidad está diseñada para que los consumidores quieran un determinado producto que está a la venta. La industria terciaria también incluye servicios como los seguros y la asistencia médica.

Los camiones transportan los bienes de la fábrica a las tiendas. La industria camionera es una industria terciaria.

Términos como **primario** (primero), secundario (segundo), **terciario** (tercero), **cuaternario** (cuarto) y quinario (quinto) son palabras para enumerar las cosas según su orden de importancia.

Las industrias cuaternarias incluyen laboratorios de investigación, que ofrecen información y tecnología.

La industria cuaternaria está compuesta por negocios que tienen que ver con actividades académicas, tecnología e información. Incluye las bibliotecas y los laboratorios de investigaciones científicas. Algunos economistas también hablan del sector quinario. Este nivel lo ocupan los altos ejecutivos y los funcionarios del gobierno. Son, generalmente, las personas responsables de tomar las decisiones más importantes de la sociedad o en la economía.

Comprar, comprar, comprar

Los fabricantes y productores manufacturan bienes y proporcionan servicios. Pero, ¿cómo hacen para que los consumidores para que los compren o los soliciten? Utilizan el mercadeo y la publicidad para convencerlos de que necesitan lo que las compañías ofrecen. El mercadeo identifica qué clase de consumidores podrían estar interesados en

Times Square en Nueva York se conoce por todos los avisos que allí se ven.

La publicidad de productos vinculados a películas se usa para crear emoción.

CONSIDERA ESTO

Los productos vinculados a la industria cinematográfica forman una parte importante de la publicidad. Estos productos pueden ser ropa, juguetes o libros, que están relacionados con una nueva película. Su objectivo es crear entusiasmo por la película.

un bien o un servicio. Si un juguete nuevo les gusta a los niños, el equipo de mercadeo llevará a cabo la promoción dirigida a los niños. Los padres son normalmente quienes compran los juguetes, luego el equipo de mercadeo también enfocará la promoción hacia ellos.

El mercadeo incluye la publicidad. Después de que el equipo de mercadeo decide qué consumidor es el que probablemente compre el producto, se crean anuncios publicitarios dirigidos a ese grupo. Estos anuncios publicitarios pueden verse en televisión, en Internet, en revistas o periódicos y en vallas publicitarias situadas en lugares públicos.

Gastar, gastar, gastar

¿Dónde adquieren las personas los bienes y los servicios que han conocido a través de la publicidad? Hoy disponemos de muchos tipos de tiendas. Las tiendas tradicionales son aquellas a las que puedes ir a mirar antes de comprar. Estas tiendas pueden estar en una calle o en un centro comercial. Si los consumidores buscan un

Compara y contrasta

¿Cuáles son las ventajas de comprar en línea frente a visitar una tienda tradicional? ¿Cuáles son las desventajas?

Los centros comerciales son sitios populares para que las personas compren bienes.

Las compras en línea se han hecho populares porque son fáciles y es posible hacerlas a cualquier hora del día.

servicio, como la limpieza de alfombras o la reparación de ventanas, deben llamar a la empresa para que alguien vaya a su casa.

Hoy mucha gente compra por Internet o en línea. Visitan sitios web donde pueden elegir lo que quieren comprar y que se lo envíen directamente a su casa. Algunas personas reciben por correo catálogos y piden lo que quieren a través del sitio del catálogo. Otros incluso compran por catálogo llenando una hoja de pedido y enviando un cheque por correo.

Pensando en el consumidor

Lamentablemente no todas las empresas que fabrican bienes u ofrecen servicios son fiables. A veces, los consumidores compran, sin saberlo, productos **defectuosos**. Las empresas normalmente retiran del mercado los productos defectuosos. Esto significa que el

Que un producto sea **defectuoso** significa que hay algo en él que no está bien o que no funciona como debería. Puede ser incluso peligroso.

Algunos productos son considerados peligrosos porque contienen elevados niveles de plomo en su pintura.

El *Better Business Bureau* le ofrece al consumidor información acerca de las buenas y malas compañías.

consumidor devuelve el producto a la compañía, que le reintegra el dinero, se lo arregla o se lo cambia por otro. En ocasiones, un servicio no cumple lo que promete.

Los consumidores pueden investigar una empresa antes de comprar sus bienes o solicitar sus servicios. Las revistas como *Consumer Reports* evalúan los productos. Organizaciones como el *Better Business Bureau* disponen de informes de buenas y malas empresas. También hay sitios web que evalúan los productos y los servicios y dejan saber a los consumidores qué hay de bueno y de malo en ellos. Los consumidores necesitan protegerse investigando las empresas y los productos antes de gastar el dinero.

CUESTIÓN DE EQUILIBRIO

Una economía sana necesita un equilibrio adecuado entre productores y consumidores. Si hay demasiados productores y muy pocos consumidores, los negocios que producen bienes y servicios no pueden vender lo suficiente para ganar dinero. Si hay demasiados consumidores y muy pocos productores, la gente no puede comprar los bienes y servicios que necesita.

El equilibrio entre productores y consumidores también consigue que una comunidad prospere. Los productores les pagan a los trabajadores

Al igual que una balanza, una economía sana debe lograr un equilibrio entre productores y consumidores.

por fabricar bienes o prestar servicios. Estas personas, a la vez, tienen dinero y son consumidores. Este ciclo económico mantiene el equilibrio entre vendedores y compradores. También ayuda a la comunidad a proporcionar trabajo a la gente que vive en ella. El trabajo genera **impuestos** que permiten que la comunidad funcione.

Los compradores y vendedores trabajan juntos para crear una comunidad sana.

Los **impuestos** son el dinero que pagan particulares y negocios al gobierno. El gobierno utiliza el dinero de los impuestos para pagar servicios como la construcción de carreteras, la educación o la protección contra el fuego.

Glosario

almacén edificio para guardar mercancías o bienes.

catálogo lista de bienes para la venta, junto con su descripción y precio.

ciclo serie de acontecimientos o acciones que se repiten regularmente y en el mismo orden.

cosecha recolección de un cultivo o de algo que se ha cultivado.

cultivo planta o animal, o un producto derivado de ellos, que puede ser criado y cosechado.

dispositivo un artificio que sirve para determinadas cosas.

economía relativo o basado en la producción, distribución y consumo de bienes y servicios.

ejecutivo persona que gestiona o dirige.

evaluar analizar la calidad de algo.

fabricar elaboración de un producto manualmente o con maquinaria.

industria negocio que proporciona un determinado tipo de bien o servicio.

investigación estudio cuidadoso y profundo con el fin de descubrir y explicar un nuevo conocimiento o para recabar información.

materia prima algo que no ha sido procesado y está en su estado original.

publicidad dar a conocer al público información sobre un producto o un servicio, generalmente pagando por un anuncio.

seguro contrato en el que, tras abonar una cantidad, se garantiza el pago del valor de una propiedad en el caso de que se pierda o se dañe.

vehículo cosa que sirve para transportar personas o bienes.

Para más información

Libros

Connolly, Sean. *Getting the Message: Advertisements*. Mankato, MN: Smart Apple Media, 2010.

Larson, Jennifer S. *Who's Buying? Who's Selling?: Understanding Consumers and Producers.* Minneapolis, MN: Lerner Publishing, 2010.

Mitten, Ellen. *Consumers and Producers*. Vero Beach, FL: Rourke Publishing, 2011.

Nelson, Robin. *What Do We Buy?: A Look at Goods and Services*. Minneapolis, MN: Lerner Publishing, 2010.

Simons, Rae. *Spending Money*. Broomall, PA: Mason Crest, 2010.

Wittekind, Erika. *The Big Push: How Popular Culture Is Always Selling*. Mankato, MN: Compass Point Books, 2012.

Sitios de Internet

Debido a que los enlaces de Internet cambian a menudo, Rosen Publishing ha creado una lista de los sitios de Internet que tratan sobre el tema de este libro. Este sitio se actualiza con regularidad. Por favor, usa este enlace para ver la lista:

http://www.rosenlinks.com/ LFO/supp

ÍNDICE

árboles, 13
publicidad, 20, 22, 23, 24

bienes, 4, 6, 7, 8, 9, 12, 13, 14, 15, 16, 17, 18, 20, 22, 24, 26, 27, 28–29

capital, 12, 16, 17
carbón, 13, 18–19
ciclo económico, 6–7, 29
compradores, 18, 29
computadoras, 4, 8, 9
  programadores de, 21
cuidados de salud, 20–21
cultivos, 13, 18–19

dispositivos, 4–5

economía, 15, 28
edificios, 16, 17, 19, 29
educación, 20–21, 29

fabricantes, 6, 8, 12–13, 16, 18, 22
funcionarios de gobierno, 21

granja, 12–13

impuestos, 7, 29
industrias, 18, 19, 20–21
investigadores, 21
seguro, 20–21

tierra, 12–13
trabajo, 12, 14
trabajos, 6–7, 29

maquinarias, 17
marketing, 22–23, 24
materias primas, 14, 18, 19
meriendas, 9
metales, 18–19

petróleo, 13, 18–19
productos, 4–5, 6, 7, 12, 19, 20, 21, 22
  cadena de producción para fabricar, 18
  defectuosos, 26–27
  revisión de, 27
  actividades vinculadas, 23

recursos
  económicos, 12, 14, 15, 16
  naturales, 13, 14, 15
  no renovables, 13
  renovables, 13

vendedores, 6, 29
servicios, 4, 6, 7, 9, 10, 11, 12, 15, 16, 17, 18, 20–21, 22, 24–25, 26, 27, 28–29
tiendas, 8, 9, 24
suéter, 9

transporte, 20

vegetales, 8
vehículos, 17
voluntarios, 11

salud, 6
taller, 12–13